ANALISI DEL LIBRO

AF143562

Il Misantropo
. . . .

MOLIÈRE

ANALISI DEL LIBRO

Scritto da Marie-Charlotte Schneider
Tradotto da Sara Rossi

Il Misantropo

MOLIÈRE

MOLIÈRE

DRAMMATURGO, ATTORE E CAPOCOMICO FRANCESE

- **Nato a Parigi nel 1622.**

- **Morto a Parigi nel 1673.**

- **Opere degne di nota:**

  - *Dom Juan* (1665), commedia

  - *L'avaro* (1668), commedia

  - *Il borghese gentiluomo* (1670), *comédie-ballet* (opera teatrale con intermezzi di musica e danza)

Molière (vero nome Jean-Baptiste Poquelin) nasce a Parigi nel 1622 da una famiglia borghese benestante e diviene autore, regista, capocomico e attore. Dimostra una precoce inclinazione per il teatro e fonda una compagnia chiamata Illustre Théâtre con l'attrice Madeleine Béjart (1618-1672). Dopo dodici anni di teatro itinerante nelle province torna a Parigi, dove attira l'attenzione di Luigi XIV (1638-1715), che lo prende al suo servizio.

Scrive soprattutto commedie in cui, sotto la maschera della risata, mette a nudo i difetti dei suoi contemporanei (affetta-zione, pedanteria, avidità, ecc.) e critica la società del XVII secolo (padri autoritari, devoti religiosi ipocriti, medici fraudolenti, ecc.) Le sue numerose commedie sono ancora oggi influenti e fanno di Molière un autore chiave del teatro classico francese.

Muore a Parigi nel 1673.

IL MISANTROPO

UNA CRITICA ALLA VITA DI CORTE

- **Genere:** commedia

- **Edizione di riferimento:** Molière (1965) *Il Misantropo e Tartufo*. Trans. Wilbur, R. Boston: Houghton Mifflin Harcourt

- **1° edizione:** 1666

- **Temi:** amore, sincerità, costumi, finzione, ipocrisia, indecisione

Il Misantropo o l'amante scorbutico è una delle tante commedie di Molière. Questa commedia in cinque atti fu rappresentata per la prima volta al Théâtre du Palais-Royal nel 1666, ma all'epoca ebbe molto meno successo di quanto ne avrebbe avuto in seguito. In effetti, la commedia presenta un lato oscuro che è del tutto diverso da quello che ci si potrebbe aspettare da una commedia di Molière. In essa l'autore mette in scena gli aspetti più ipocriti dei costumi sociali. In questo contesto, il misantropo protagonista Alceste lotta per difendere l'onestà e la franchezza.

SINTESI

ATTO I

Scena I

Nella scena dell'esposizione, Alceste si sente offeso dall'insincerità dell'amico Philinte, che si comporta come se le persone che non gli piacciono davvero fossero sue amiche. Ne nasce una discussione sull'ipocrisia, in cui Philinte si esprime a favore del rispetto dei costumi dell'epoca, mentre Alceste sostiene la franchezza in ogni situazione. Philinte coglie l'occasione per sottolineare la situazione ridicola in cui si trova Alceste, che giura solo sulla franchezza ma ama Célimène, una dama di corte nota per la sua insincerità.

Scena II

Oronte si reca da Alceste, che tratta con molto rispetto, per presentare un sonetto che ha scritto. Alceste si rifiuta di essere ipocrita e, a differenza di Philinte, critica apertamente la poesia di Oronte. A suo avviso, le eccessive digressioni e gli effetti stilistici della poesia la allontanano dalla pura verità. I due uomini litigano finché Philinte non interviene.

Scena III

Alceste si oppone ancora una volta a Philinte criticandolo per la sua insincerità, mentre Philinte critica Alceste per la sua eccessiva sincerità.

ATTO II

Scena I

Alceste fa visita alla sua amante Célimène. La rimprovera per aver concesso i suoi favori a troppi uomini, pur giurando che lui è l'unico che lei ama veramente. Lei sostiene che non può essere biasimata per essere amata e che non può sfuggire alla vita di società.

Scene II e III

Il valletto di Célimène la informa dell'arrivo di Clitandre. Lei accetta di farlo entrare, anche se c'è Alceste. Lui le dice che non è contento di questo, ma la giovane donna non cambia idea. Alceste dice che vuole andarsene.

Scena IV

Alla fine, Alceste dichiara di voler rimanere per chiarire la situazione con Célimène e il suo rivale. Clitandre arriva con un piccolo gruppo di cortigiani, tra cui Philinte. Célimène, sollecitata dal suo pubblico, traccia dei ritratti critici di tutte le persone di cui le viene suggerito il nome. A differenza degli altri, Alceste si sente offeso da questo comportamento perché Célimène non criticherebbe mai queste persone in faccia. Célimène rimprovera Alceste di essere polemico e lui replica che l'amore non è possibile senza sincerità. La cugina di Célimène, Éliante, afferma che per lei l'amore fa sparire tutti i difetti dell'altra persona. Per sdrammatizzare la situazione, Célimène propone di andare a fare una passeggiata: tutti accettano.

Scene V e VI

Il valletto di Célimène annuncia che una guardia sta cercando Alceste e lo fa entrare. La guardia è venuta ad avvertirlo che Oronte vuole processarlo per aver criticato la sua poesia. Alceste dice allora che si presenterà in tribunale, ma che nulla, se non un ordine del re in persona, lo costringerà a ritirare le sue osservazioni.

ATTO III

Scena I

I due marchesi Acaste e Clitandre discutono delle rispettive situazioni con Célimène. Acaste ritiene di avere tutti i suoi favori, ma non sa dire perché.

Scene II e III

Célimène entra nella stanza e si chiede perché Acaste e Clitandre siano lì. Il suo valletto viene a dirle che è arrivata la sua amica Arsinoé, che né lei né le marchese vogliono vedere. Anzi, sostengono che lei finga di essere prudente per nascondere la sua solitudine.

Scena IV

Acaste e Clitandre se ne sono andate. Arsinoé dice a Célimène che è venuta ad avvertirla delle voci che circolano su di lei. Secondo Arsinoé, Célimène viene criticata per la sua civetteria. Célimène ribatte che Arsinoé viene criticata per la sua finta prudenza. Poiché le due donne non fanno altro che criticarsi a vicenda, Arsinoé suggerisce di lasciare la conversazione al suo posto. Célimène si allontana, lasciando Arsinoé in compagnia di Alceste.

Scena V

Arsinoé è felice di avere la possibilità di parlare con Alceste e comincia a lodarlo. Lui cerca di respingere questi commenti lusinghieri, che pensa di non meritar davvero. Arsinoé si congratula con lui per essersi tenuto lontano dalla corte e Alceste risponde che è nella sua natura essere sincero ed evitare le persone. Arsinoé accusa allora Célimène di fingere l'amore che dice di provare per Alceste. Questi si rifiuta di crederci senza prove.

ATTO IV

Scena I

Philinte racconta a Éliante la discussione tra Alceste e Oronte in tribunale. Sebbene Alceste si sia rifiutato di ritirare le sue critiche alla poesia di Oronte, ha ammesso che la scarsa qualità dello scritto non ha macchiato la reputazione del gentiluomo. Éliante e Philinte tornano sull'amore di Alceste per Célimène e concordano sul fatto che sia contraddittorio, visto l'odio del giovane per l'ipocrisia. Quando Philinte dice che Éliante sarebbe una scelta più ragionevole per Alceste, risponde che i sentimenti non sono governati dalla ragione.

Scena II

Alceste viene a raccontare a Éliante e a Philinte del tradimento di Célimène: la donna avrebbe scritto una lettera a

Oronte che nel frattempo è finita nelle sue mani. Per vendicare il suo onore, Alceste chiede a Éliante di sposarlo, ma lei gli consiglia di non prendere decisioni affrettate.

Scena III

Alceste mette Célimène di fronte alla lettera che ha ottenuto. La donna non nega di averla scritta, ma afferma che non era indirizzata a Oronte. Afferma addirittura che la lettera potrebbe benissimo essere stata scritta per una donna. Poi smette di cercare di giustificarsi e dice che Alceste può credere a ciò che vuole e che se non si fida di lei, significa che non la ama.

Scena IV

Il valletto di Alceste arriva per dirgli che ha ricevuto un biglietto e un avvertimento che lo mette in pericolo. Deve fuggire.

ATTO V

Scena I

Alceste è disgustato dai costumi del suo tempo, che gli fanno rischiare di essere processato per essere troppo onesto, e spiega a Philinte la sua decisione di ritirarsi dal mondo. L'amico cerca di fargli cambiare idea, ma i suoi sforzi sono vani. Aspetta l'arrivo di Célimène per chiederle di partire con lui.

Scena II

Alceste e Oronte cercano di mettere Célimène di fronte alla scelta che deve fare tra i due rivali. Célimène si rifiuta di rispondere, adducendo il pretesto di non voler offendere pubblicamente uno dei due.

Scena III

Célimène chiede a Éliante di confermare che non è consuetudine prendere questo tipo di decisione in pubblico. La donna si rifiuta comunque di scegliere da che parte stare e le rivali si spazientiscono.

Scena IV

A loro si uniscono Clitandre e Acaste, che sono in possesso di lettere in cui Célimène si prende gioco di Oronte e Alceste. Nonostante l'umiliazione, Alceste propone a Célimène di ritirarsi dalla società con lui. Lei rifiuta, nonostante la sua posizione incerta. Alceste decide allora di andarsene da solo e smette di amare Célimène. Nel frattempo, Philinte ed Éliante decidono di sposarsi e seguono il loro amico per cercare di fargli cambiare idea.

STUDIO DEL CARATTERE

ALCESTE

Alceste, uomo di notevole posizione sociale, è il misantropo del titolo. È ossessionato dalla sua preoccupazione per la verità e la sincerità e non può tollerare né prendere parte all'ipocrisia. Per questo si mette costantemente in situazioni imbarazzanti in una società che coltiva il gusto per l'affettazione. Infatti, i costumi del suo tempo incoraggiano l'uso di una particolare forma di cortesia e di convenzioni sociali che antepongono le buone maniere ai sentimenti personali.

Dal punto di vista di Alceste, questo gioco di convenzioni è il grande difetto del suo tempo. Il suo punto di vista sulla sincerità serve solo a isolarlo dagli altri personaggi, poiché si impedisce di avere rapporti con chiunque non condivida la sua preoccupazione per la sincerità. Tuttavia, la sua visione delle relazioni interpersonali varia notevolmente a seconda dell'interlocutore:

- Célimène è l'unica persona di cui cerca la compagnia. Tuttavia, è anche la persona il cui comportamento è più lontano dalla sua preoccupazione per la verità e la sincerità. Fino alla fine, e nonostante la prova che lei lo ha tradito, egli continua ad aggrapparsi al suo amore per lei.

- Philinte è amico di Alceste. Tuttavia, Alceste fatica ad accettare l'amicizia di Philinte nei suoi confronti quando lo vede mostrare gli stessi segni di amicizia a persone che chiaramente non gli piacciono. Tuttavia, Philinte è una delle poche persone che continua a sostenerlo fino alla fine.

- Éliante è la donna che Philinte pensa che Alceste dovrebbe sposare. Tuttavia, Alceste non mostra alcun interesse per lei, se non quando vuole vendicarsi del tradimento di Célimène.

- Oronte è uno dei rivali di Alceste per l'affetto di Célimène. Sebbene Alceste non neghi che sia un brav'uomo, non gli piace la sua scrittura. Secondo Alceste, Oronte non si esprime con sufficiente semplicità e il suo stile di scrittura è troppo lontano dalla realtà. Inoltre, Alceste è ancora più scioccato quando scopre che Oronte è il suo principale rivale per la donna che ama.

La scelta delle relazioni di Alceste è quindi in qualche modo contraddittoria. Per esempio, rifiuta l'amicizia di Philinte a causa della sua insincerità, ma ama Célimène, il personaggio più ipocrita dell'opera.

CÉLIMÈNE

Célimène, giovane vedova dell'alta società, è l'amante di Alceste, ma è il suo completo opposto in termini di valori. A differenza del suo amante, abbraccia pienamente il gioco delle convenzioni con la sua ipocrisia e il suo parlare male degli altri.

Più che accettare il gioco dell'ipocrisia per obbligo sociale, Célimène ne trae un piacere non celato. È il suo talento principale e tutti, tranne Alceste, sembrano ammirarla per questo. Tutti i personaggi gravitano intorno a lei. Tuttavia, i suoi ammiratori finiscono per scoprire che è ipocrita nei loro confronti come nei confronti degli altri. Eppure, anche quando cade in disgrazia rifiuta di ritirarsi dal mondo con Alceste, perché la vita nell'alta società sembra essere la sua unica ragione di vita.

PHILINTE

Philinte è l'amico di Alceste. Insieme a Éliante, sembra essere l'unica persona che si preoccupa per lui. Non condivide la visione di Alceste sui rapporti umani, ma non la pensa come Célimène. Infatti, anche se non pretende la sincerità come Alceste, non lo fa per ambizione o per piacere. Philinte è consapevole che il mondo in cui vive è regolato da convenzioni e che le persone devono seguire le regole se vogliono sopravvivere. Cerca anche di mettere in guardia Alceste dai pericoli della sua eccessiva franchezza, in particolare quando critica il sonetto di Oronte. Sembra più consapevole degli altri personaggi che l'onestà è una qualità positiva, ma anche che essere onesti può talvolta rivelarsi pericoloso. Philinte è affascinato da Éliante e la sposa alla fine dell'opera.

ÉLIANTE

Éliante è la cugina di Célimène. Rappresenta la voce della saggezza nell'opera, sia per la sua visione dell'amore che per la sua disapprovazione del comportamento della cugina.

Lei e Philinte formano una coppia il cui ruolo non è dissimile da quello del coro greco: commentano ripetutamente l'azione, fornendo un giudizio ragionato su di essa e temendo l'infelicità che potrebbe colpire il loro amico Alceste.

ORONTE

Oronte è un gentiluomo. È anche l'amante di Célimène e, di conseguenza, il rivale di Alceste. Pensa di essere uno scrittore molto dotato. Sebbene chieda di essere giudicato con franchezza, si aspetta comunque di essere lodato. Le sue conversazioni con Alceste, che si rifiuta di fingere come tutti gli altri, danno luogo a una serie di situazioni comiche.

ARSINOÉ

Arsinoé è una dama di corte. Ha un ruolo relativamente piccolo nell'opera, anche se contribuisce a movimentare l'azione. Ama Alceste e usa l'adulazione e l'astuzia per cercare di allontanarlo da Célimène. Célimène la critica per la sua finta prudenza e l'immagine che dà di sé differisce dalle sue azioni. È la rivale di Célimène e gli scontri tra le due donne sono fonte di umorismo perché contengono una serie di insulti poco velati.

I MARCHESI

Acaste e Clitandre sono due pretendenti di Célimène. Appartengono alla bassa nobiltà e la ammirano. I due marchesi sono raramente in scena e hanno poca influenza sull'azione. Il loro ruolo è piuttosto quello di rafforzare la rappresentazione del mondo di corte e delle sue finzioni.

ANALISI

UNA COMMEDIA MODERATA

Secondo il sottotitolo dato dall'autore, *Il Misantropo* è una commedia. Tuttavia, il suo stile è molto diverso da quello comico popolare che Molière ha utilizzato in alcune delle sue altre opere. Infatti, sebbene non manchino le situazioni comiche, esse sono mitigate dalla pregnanza di altri aspetti della commedia.

Nel *Misantropo* ci sono diversi tipi di umorismo:

* giochi di parole, che ricorrono frequentemente nel corso dell'opera;

* la commedia di situazione, che è in realtà il fondamento dell'opera, in quanto la situazione di Alceste, che difende ferocemente la franchezza e l'onestà pur essendo follemente innamorato dell'ipocrita e maldicente Célimène, fa ridere il pubblico;

* caricature di tipi di personaggi ben definiti (la falsamente prudente Arsinoé, la bella ipocrita Célimène e l'inflessibile Alceste, tra gli altri).

Tuttavia, questo umorismo è costantemente compensato da un tono più struggente, che deriva principalmente dal personaggio di Alceste e dal suo isolamento. Di conseguenza, sebbene Molière denunci la ridicolaggine dei costumi del suo tempo attraverso la caricatura dei suoi personaggi, il riso non sembra essere il suo unico obiettivo. Il personaggio di Alceste, che finisce per scegliere di escludersi dalla società alla moda, conferisce alla commedia alcuni elementi tragici. La scena finale ne è un ottimo esempio, perché l'annuncio del matrimonio di Éliante e Philinte, tipico delle scene finali delle commedie, viene eclissato dalla partenza di Alceste.

Per questo motivo, sebbene *Il Misantropo* sia ancora una commedia, si discosta in qualche modo dalle convenzioni del teatro comico.

UN MONDO DI FINZIONI

L'opera, e in particolare il suo sistema di personaggi, è governata dalle posizioni dei personaggi nei confronti degli ipocriti. Il mondo rappresentato è quello in cui la vita sociale è interamente regolata dalle convenzioni. In questo senso, la casa di Célimène costituisce una sorta di rappresentazione della corte in miniatura. È governata da un certo numero di regole di buona condotta e di educazione. Tutti devono rispettare queste regole o rischiano di essere esclusi, come Alceste.

Le convenzioni che regolano questo mondo sostengono la cortesia in tutte le situazioni. Incoraggiano i suoi abitanti a lodare l'interlocutore, anche se questo è del tutto privo di meriti, il che favorisce l'uso dell'adulazione, a volte in misura eccessiva. In questo modo, gli incontri di Célimène coltivano il gusto della finzione e calpestano l'onestà.

A parte Alceste, tutti i personaggi obbediscono alle regole convenzionali della casa di Célimène. Tuttavia, non tutti si attengono con la stessa rigidità a queste convenzioni. Tra Alceste che si rifiuta di partecipare al gioco di prestigio e

Célimène che lo conduce, i personaggi si collocano in punti diversi dello spettro:

- Alceste rifiuta categoricamente questo mondo di convenzioni. Rifiutando di obbedire alle regole e di accettare di far parte del mondo della finzione, si esclude da esso;

- Éliante e Philinte sono le voci della saggezza. In teoria, non sembrano abbracciare il culto della finzione, ma, in pratica, sanno che il mondo in cui vivono non lascia loro altra scelta. Per questo adottano un atteggiamento distaccato e pragmatico;

- i marchesi e Oronte obbediscono alle regole senza fare domande;

- Arsinoé cerca di usare la finzione per servire i propri interessi e le convenzioni per gestire la propria reputazione. Cerca invano di battere Célimène al suo stesso gioco;

- Célimène è la regina della sua casa. Tutti gli altri personaggi gravitano intorno a lei nella sua corte in miniatura. Di conseguenza, è lei che detta le regole, è lei la padrona di questo gioco di finzioni.

IL VALORE DELLE PAROLE

In quest'opera, la finzione è strettamente legata a un particolare uso del linguaggio. La scelta dei personaggi tra sincerità e ipocrisia è indicata dal valore che attribuiscono alle parole: per Alceste hanno un valore intrinseco, mentre per gli altri la loro importanza è puramente convenzionale.

La metafora del denaro ricorre in tutta l'opera e mette in parallelo il linguaggio e il denaro, in base al valore convenzionale che viene attribuito a ciascuno di essi. Ad esempio, nella scena dell'esposizione, Alceste dice a Philinte: "La vostra amicizia ha un prezzo troppo basso" (Atto I, Scena I). Questo suggerisce che le relazioni sociali sono convenzionalmente fissate, come il valore del denaro. Poiché le relazioni sociali sono regolate dal linguaggio, è in gioco il valore delle parole.

In effetti, il valore delle parole è una delle principali preoccupazioni di Alceste nella sua ricerca della sincerità. Lo si vede nell'Atto I, Scena II, quando critica il sonetto di Oronte. Critica la poesia perché è "innaturale" e scritta in uno "stile artificiale". Ad Alceste non piacciono le digressioni e lo stile di Oronte perché non li considera naturali. Il suo linguaggio coltiva la finzione, cosa che Alceste non può sostenere. Per lui, le parole devono avere il giusto valore per esprimere con semplicità i sentimenti.

Onestà e linguaggio semplice sono strettamente legati per Alceste. Da questo punto di vista, quindi, non è un caso che l'ipocrita Célimène sia così abile nel manipolare il linguaggio. Fa dell'ipocrisia un'arte letteraria e gli altri personaggi della società la ammirano per questa capacità.

TEATRO DEL XVII SECOLO

C'è un motivo per cui il teatro francese del XVII secolo viene definito "classico": in questo periodo, sia la scrittura che la rappresentazione erano regolate da una serie di convenzioni, che riguardavano sia la forma che il contenuto.

Le opere drammatiche erano generalmente divise in cinque atti e *Il Misantropo* segue questa norma. La principale convenzione formale era la regola delle tre unità, che comprendeva:

- **unità di luogo.** Tutta l'azione di un'opera teatrale dovrebbe svolgersi nello stesso luogo. *Il Misantropo* rispetta questa regola, poiché tutta l'azione si svolge nella casa di Célimène a Parigi;

- **unità di tempo.** L'azione di una commedia deve svolgersi nell'arco di una giornata. Nelle commedie di Molière l'ora è raramente specificata, ma ci sono comunque alcuni indizi che indicano il rispetto di questa regola. Clitandre dice: "Non ho bisogno di andare oggi fino all'ora del *coucher del re*" (Atto II, Scena IV), suggerendo che è ancora presto, mentre più tardi Alceste dice a Célimène: "Permetti al tuo fedele amante di provare ancora una volta prima che il giorno sia finito" (Atto IV, Scena IV), suggerendo che il giorno è quasi al termine;

- **unità d'azione.** La trama può essere una sola. Questo è il caso del *Misantropo*, perché l'inflessibilità di Alceste nei confronti dei vizi del suo tempo e del comportamento di chi lo circonda guida tutta l'azione.

I drammi dovevano anche rispettare le regole della *vraisemblance* ("verosimiglianza" o "plausibilità") e della *bienséance* ("correttezza" o "decoro"). *Vraisemblance* significa che gli eventi rappresentati sul palcoscenico devono essere immaginabili nella vita di tutti i giorni, mentre *bienséance* significa non rappresentare nulla che possa scioccare il pubblico. Ad esempio, le morti possono essere descritte dopo che sono avvenute, ma non mostrate sul palco. Il teatro deve essere morale.

Nel XVII secolo le opere teatrali venivano controllate per garantire che rispettassero tutte queste regole; in caso contrario, venivano censurate. Per questo motivo, diverse opere di Molière, tra cui *Tartuffe* (1664) e *Dom Juan* (1665), furono vietate.

Tuttavia, il controllo poteva essere esercitato anche in modo più sottile. Non era facile essere un autore, un attore o un regista in questo periodo, come dimostra la chiusura dell'Illustre Théâtre. Di norma, gli attori e le troupe dovevano avere un potente benefattore se volevano vedere rappresentate le loro opere. Per questo motivo, prima di essere notati e protetti dal Re in persona, Molière e la sua troupe godevano dell'appoggio del fratello del Re, Filippo I, Duca d'Orléans. Tuttavia, è facile capire che questo tipo di mecenatismo aveva un prezzo. Se gli autori volevano beneficiare dell'appoggio di uomini potenti, dovevano compiacerli, il che significava seguire le loro regole. Questa era anche una forma di controllo.

L'EREDITÀ DEL MISANTROPO

Il finale dell'opera è relativamente aperto: Alceste non riesce a convincere Célimène del suo punto di vista (o ad adattarsi alle convenzioni che lo costringerebbero ad abbandonare completamente la franchezza), quindi si ritira dal mondo. Molière termina qui la sua commedia, senza indicare il seguito. Per questo motivo, in tutti i seguiti e le riscritture del *Misantropo*, "la domanda di fondo di questi diversi testi è spesso la stessa: può Alceste cambiare strada e reintegrarsi nella società?" (Wolf, 2003: 114).

Se ci riferiamo solo all'opera originale, le possibilità che ciò accada sono scarse perché Alceste è molto emarginato all'interno della società: è tanto franco quanto gli altri sono ipocriti, ed è anche diverso da loro in molti altri modi. Tuttavia, la sua franchezza lo fa risaltare e questa opposizione è rimasta in molte messe in scena dell'opera. Per questo motivo, Alceste viene spesso rappresentato come un personaggio onesto, virtuoso e simpatico, mentre Célimène è rimasta a lungo prepotente e crudele, prima di essere reinterpretata come una donna assertiva la cui unica arma contro gli uomini è la sua seduzione.

Nel XVII secolo, la commedia di Molière si scontrò con un illustre nemico: Jean-Jacques Rousseau (scrittore svizzero, 1712-1778). Nella sua *Lettera a M. D'Alembert sugli spettacoli*, Rousseau critica sia la commedia, che accusa di mettere in ridicolo le aspirazioni virtuose del suo protagonista, sia il personaggio di Alceste, che, a suo avviso, Molière avrebbe dovuto rendere caritatevole e interessato alla bellezza della natura umana. Secondo Rousseau, Alceste è un uomo buono che viene messo in ridicolo: più che pazzo, è vittima delle sue esperienze. Per Rousseau, Alceste si oppone all'ipocrisia e alla cattiveria di coloro che lo circondano piuttosto che agli esseri umani stessi. Sulla base di questa premessa, egli non è quindi un misantropo, ma al tempo stesso caritatevole e modello di virtù, una visione del personaggio che apparirà in seguito in numerosi testi.

Tuttavia, non tutti condividevano l'opinione di Rousseau. Jean-François Marmontel (scrittore francese, 1723-1799), che si opponeva a Rousseau (scrisse la sua risposta alla *Lettera*), non spogliò Alceste della sua virtù nel suo *Misanthrope corrigé* ("Misantropo corretto", 1765). In questa commedia, scritta nello stesso stile dell'originale di Molière, Alceste si è ritirato in campagna e ha dimenticato Célimène tra le braccia di Ursule, la figlia di un signore del villaggio in cui ora vive. Questa relazione lo porta a rivedere la sua opinione sulla natura umana: se prima odiava le persone, ora sembra amarle. La sua virtù rimane, perché Alceste aveva semplicemente perso l'orientamento essendo troppo virtuoso e ragionevole, ma non viene più ridicolizzato. È diventato un misantropo a seguito del tempo trascorso nella società in cui viveva.

Tuttavia, non tutti i seguiti de *Il misantropo* hanno dato ad Alceste un esito così felice. *La Conversion d'Alceste* ("La conversione di Alceste", 1905) del romanziere e drammaturgo francese Georges Courteline (1858-1929) fu presentata come un seguito diretto della commedia e scritta, come tutte le opere di Molière, in alessandrini (un verso di 12 sillabe con una cesura, o pausa, nel mezzo). In questa commedia, Alceste decide di tornare nel mondo dopo il suo esilio. Éliante non c'è più e Célimène – che Alceste ha comunque sposato – è diventata l'amante di Philinte. Alceste, che ha deciso di essere più tollerante verso gli altri (è la sua conversione), inizialmente elogia un nuovo sonetto scritto da Oronte, ma non riesce a resistere a lungo alla sua natura originaria: i due uomini litigano di nuovo quando Oronte chiede ad Alceste di mettere la sua opera in un giornale. Ancora peggio, Alceste scopre che Célimène non è più interessata a lui ora che è cambiato. Comportarsi in modo più caritatevole è stato quindi inutile. Il misantropo, inadatto alla società, si ritira di nuovo ed è convinto che avrebbe dovuto rimanere com'era. Vuole ancora cercare la verità in una società che, allo stato attuale, funziona correttamente solo con un certo grado di ipocrisia e disonestà per rendere la realtà più attraente.

ULTERIORI RIFLESSIONI

ALCUNE DOMANDE SU CUI RIFLETTERE...

- Come interpretereste i parallelismi e le differenze tra la coppia di Célimène e Alceste e quella di Éliante e Philinte?

- Confrontate la commedia moderata de *Il Misantropo* con la commedia popolare de *Le imposizioni di Scapin*. Quali sono le principali differenze tra questi due stili di commedia?

- Secondo voi, chi cercava di ridicolizzare maggiormente Molière, il misantropo o il resto della società? Spiegate la vostra risposta.

- In molte delle sue opere, Molière fa satira sui vizi del suo tempo. Confrontate i vizi criticati nel *Misantropo* e nel *Tartufo*. Quali somiglianze si possono notare?

- Nel teatro classico si ritiene che la commedia tratti generalmente argomenti meno seri della tragedia. Ritenete che questo giudizio sia valido per *Il misantropo*? Giustificate la vostra risposta.

- Alcuni aspetti de *Il Misantropo* lo rendono più tragico che comico. Da questo punto di vista, ritenete che sia una commedia morale che rispetta le regole della *vraisemblance* e della *bienséance*?

- Che ruolo hanno le parole nella determinazione di Alceste a lottare contro l'ipocrisia del suo tempo?

- Nonostante la sua innegabile franchezza, Alceste si comporta allo stesso modo con tutti gli altri personaggi? Spiegate la vostra risposta.

- Ricercate la ricezione dell'opera nel corso dei secoli. Quali conclusioni potete trarre?

- Guardate il film *Molière* di Laurent Tirard del 2007. Secondo voi, quali scene e quali personaggi sono ispirati al *Misantropo*? A quali altre opere pensate che il film faccia riferimento? Spiegate la vostra risposta.

ULTERIORI LETTURE

EDIZIONE DI RIFERIMENTO

Molière (1965) *Il Misantropo e Tartufo*. Trans. Wilbur, R. Boston: Houghton Mifflin Harcourt.

ADATTAMENTI

Molière. (2007) [Film]. Laurent Tirard. Dir. Francia: Fidélité Productions.

Questo film non è, in senso stretto, un adattamento de *Il misantropo*. Combina alcuni elementi biografici con elementi tratti da alcune opere di Molière. Da questo punto di vista, il film è un adattamento di diverse opere teatrali, tra cui *Il misantropo*.

Vogliamo sapere da voi!
Lasciate un commento sulla vostra biblioteca online
e condividete i vostri libri preferiti sui social media!

www.50minutes.com

Master ISBN: 9782808690201
ISBN cartaceo: 9782808611602
Deposito legale: D/2023/12603/1440

Copertura: © Primento

Concezione digitale a cura di Primento, il partner digitale degli editori.

MOLIÈRE

FRANS DRAMATURG, ACTEUR EN LEIDER VAN EEN THEATERGROEP

- **Geboren in Parijs in 1622.**

- **Stierf in Parijs in 1673.**

- **Opmerkelijke werken:**

  - *Dom Juan* (1665), komedie

  - *The Miser* (1668), komedie

  - *The Bourgeois Gentleman* (1670), *comédie-ballet* (toneelstuk met intermezzo's met muziek en dans)

Molière (echte naam Jean-Baptiste Poquelin) werd in 1622 geboren in een gegoede burgerlijke? familie in Parijs en werd schrijver, regisseur, leider van een theatergroep en acteur. Hij had al vroeg een voorliefde voor het theater en richtte samen met de actrice Madeleine Béjart (1618-1672) een gezelschap op dat Illustre Théâtre heette. Na 12 jaar theaterreizen in de provincies keerde hij terug naar Parijs, waar hij de aandacht trok van Lodewijk XIV (1638-1715), die hem in dienst nam.

Hij schreef vooral komedies waarin hij, onder het mom van de lach, de gebreken van zijn tijdgenoten aan de kaak stelde (aanstellerij, pedanterie, hebzucht, enz.) en kritiek op de 17e-eeuwse maatschappij (autoritaire vaders, hypocriete religieuze toegewijden, frauderende artsen, enz.) Zijn vele toneelstukken blijven ook vandaag nog invloedrijk en maken Molière tot een van de belangrijkste auteurs van het Franse klassieke theater.

Hij stierf in Parijs in 1673.

DE MISANTROOP

EEN KRITIEK OP HET HOFLEVEN

- **Genre:** komedie

- **Referentie-uitgave:** Molière (1965) *The Misanthrope*. Trans. Wilbur, R. Boston: Houghton Mifflin Harcourt.

- **1e editie:** 1666

- **Thema's:** liefde, oprechtheid, gewoonten, schijn, hypocrisie, besluiteloosheid

De Misantroop is een van de vele komedies van Molière. Deze vijfdelige komedie werd voor het eerst opgevoerd in het Théâtre du Palais-Royal in 1666, maar was toen veel minder succesvol dan het later zou worden. Het stuk heeft namelijk een donkere kant die heel anders is dan we zouden verwachten van een komedie van Molière. De auteur toont er de meest hypocriete aspecten van de sociale gebruiken in. In deze context vecht de misantropische hoofdpersoon Alceste om eerlijkheid en openhartigheid te verdedigen.

SAMENVATTING

AKTE I

Scène I

In de verhalende scène is Alceste beledigd door de onoprecht-heid van zijn vriend Philinte, die doet alsof mensen die hij niet mag zijn vrienden zijn. Dit leidt tot een discussie over hypo-crisie, waarbij Philinte pleit voor het respecteren van de gebrui-ken van de tijd, terwijl Alceste pleit voor openhartigheid in alle situaties. Philinte grijpt de gelegenheid aan om te wijzen op de belachelijke situatie waarin Alceste zich bevindt, omdat hij alleen zweert bij openhartigheid, maar houdt van Célimène, een hofdame die bekend staat om haar onoprechtheid.

Scène II

Oronte komt naar Alceste, die hij zeer respectvol behandelt, om een sonnet te presenteren dat hij heeft geschreven. Alceste weigert hypocriet te zijn en levert, in tegenstelling tot Philinte, openlijk kritiek op het gedicht van Oronte. Volgens hem wijken de overdreven uitweidingen en stilistische effec-ten van het gedicht af van de zuivere waarheid. De twee man-nen ruziën totdat Philinte tussenbeide komt.

Scène III

Alceste verzet zich opnieuw tegen Philinte door hem te bekri-tiseren om zijn onoprechtheid, terwijl Philinte Alceste verwijt dat hij te oprecht is.

ACTE II

Scène I

Alceste bezoekt zijn geliefde Célimène. Hij kastijdt haar omdat ze haar gunsten aan te veel mannen verleent, terwijl hij zweert dat hij de enige is van wie ze echt houdt. Zij beweert dat het haar niet kan worden verweten dat zij geliefd is en dat zij niet kan ontsnappen aan het leven in de maatschappij.

Scènes II en III

Célimène's bediende informeert haar over de komst van Clitandre. Zij stemt ermee in hem binnen te laten, ook al is Alceste er. Hij zegt haar dat hij hier niet blij mee is, maar de jonge vrouw bedenkt zich niet. Alceste zegt dat hij wil vertrekken.

Scène IV

Uiteindelijk zegt Alceste dat hij wil blijven om de situatie met Célimène en zijn rivaal op te helderen. Clitandre arriveert met een kleine groep hovelingen, waaronder Philinte. Célimène, aangespoord door publiek, maakt kritische portretten van alle personen wier namen haar worden voorgesteld. In tegenstelling tot de anderen is Alceste beledigd door dit gedrag, omdat Célimène deze mensen nooit in hun gezicht zou bekritiseren. Célimène berispt Alceste voor zijn argumentatie en hij antwoordt dat liefde niet mogelijk is zonder oprechtheid. Célimène's nicht Éliante zegt dat voor haar de liefde alle gebreken van de ander doet verdwijnen.

Om de situatie te sussen stelt Célimène voor een wandeling te maken, waarmee ze allemaal instemmen.

Scènes V en VI

Célimène's bediende kondigt aan dat een bewaker op zoek is naar Alceste en laat hem binnen. De bewaker is gekomen om hem te waarschuwen dat Oronte hem voor het gerecht wil brengen wegens kritiek op zijn gedicht. Alceste zegt dan dat hij naar de rechtbank zal gaan, maar dat niets anders dan een bevel van de koning zelf hem ertoe zal brengen zijn opmerkingen terug te nemen.

AKTE III

Scène I

De twee markiezen Acaste en Clitandre bespreken hun respectieve situaties met Célimène. Acaste gelooft dat hij al haar gunsten heeft, maar kan niet zeggen waarom.

Scènes II en III

Célimène komt de kamer binnen en vraagt zich af waarom Acaste en Clitandre er zijn. Haar bediende komt haar vertellen dat haar vriendin Arsinoé, die zij noch de markiezen willen zien, is aangekomen. Zij beweren namelijk dat zij zich preuts voordoet om haar eenzaamheid te verbergen.

Scène IV

Acaste en Clitandre zijn vertrokken. Arsinoé vertelt Célimène dat ze haar komt waarschuwen voor de geruchten die over haar de ronde doen. Volgens Arsinoé wordt Célimène bekritiseerd om haar flirterigheid. Célimène antwoordt dat Arsinoé wordt bekritiseerd om haar geveinsde preutsheid. Omdat de twee vrouwen niets anders doen dan elkaar bekritiseren, stelt Arsinoé voor hun gesprek te laten voor wat het is. Célimène loopt weg en laat Arsinoé achter in het gezelschap van Alceste.

Scène V

Arsinoé is blij met de kans om met Alceste te praten en begint hem te prijzen. Hij probeert deze vleiende opmerkingen, die hij volgens hem niet echt verdient, af te wijzen. Arsinoé feliciteert hem met het feit dat hij van het hof wegblijft, waarop Alceste dat het in zijn aard ligt om oprecht te zijn en mensen te mijden. Arsinoé beschuldigt Célimène er vervolgens van de liefde die zij beweert te voelen voor Alceste te veinzen. Hij weigert dit te geloven zonder bewijs.

AKTE IV

Scène I

Philinte vertelt Éliante over de discussie tussen Alceste en Oronte in de rechtszaal. Hoewel Alceste weigerde zijn kritiek op Oronte's gedicht terug te nemen, gaf hij toe dat de slechte kwaliteit van het geschrift de reputatie van de heer niet aantastte. Éliante en Philinte komen terug op Alceste's liefde voor Célimène en zijn het erover eens dat deze tegenstrijdig is gezien de haat van de jongeman tegen hypocrisie. Als Philinte zegt dat Éliante een redelijker keuze zou zijn voor Alceste, antwoordt zij dat gevoelens niet door de rede worden beheerst.

Scène II

Alceste komt Éliante en Philinte vertellen over het verraad van Célimène: zij zou een brief aan Oronte hebben geschreven die inmiddels in zijn handen terecht is gekomen. Om zijn eer te wreken vraagt Alceste Éliante ten huwelijk, maar zij raadt hem aan geen overhaaste beslissingen te nemen.

Scène III

Alceste confronteert Célimène met de brief die hij heeft bemachtigd. Zij ontkent niet dat hij hem geschreven heeft, maar zegt dat hij niet aan Oronte gericht is. Ze beweert zelfs dat de brief heel goed voor een vrouw geschreven kan zijn. Dan houdt ze op zich te rechtvaardigen en zegt dat Alceste mag geloven wat hij wil, en dat als hij haar niet vertrouwt, dat betekent dat hij niet van haar houdt.

Scène IV

Alceste's bediende komt hem vertellen dat hij een briefje heeft ontvangen en een waarschuwing dat hij in gevaar is. Hij moet vluchten.

AKTE V

Scène I

Alceste walgt van de gebruiken van zijn tijd, waardoor hij het risico loopt berecht te worden omdat hij te eerlijk is, en legt aan Philinte zijn besluit uit om zich uit de wereld terug te trekken. Zijn vriend probeert hem op andere gedachten te brengen, maar zijn pogingen zijn tevergeefs. Hij wacht op de komst van Célimène om haar te vragen met hem mee te gaan.

Scène II

Alceste en Oronte proberen Célimène te confronteren met de keuze die zij moet maken tussen de twee rivalen. Célimène weigert te antwoorden, onder het voorwendsel dat ze geen van beiden publiekelijk wil beledigen.

Scène III

Célimène vraagt Éliante te bevestigen dat het niet gebruikelijk is dit soort beslissingen in het openbaar te nemen. Ze weigert nog steeds een kant te kiezen, en de rivalen worden ongeduldig.

Scène IV

Ze krijgen gezelschap van Clitandre en Acaste, die brieven in hun bezit hebben waarin Célimène de draak steekt met Oronte en Alceste. Ondanks zijn vernedering stelt Alceste aan Célimène voor dat zij zich samen met hem terugtrekt uit de maatschappij. Zij weigert, ondanks haar onzekere positie. Alceste besluit dan alleen weg te gaan en houdt op van Célimène te houden. Ondertussen besluiten Philinte en Éliante te trouwen en volgen hun vriend om te proberen hem op andere gedachten te brengen.

KARAKTERSTUDIE

ALCESTE

Alceste, een man met een aanzienlijke sociale status, is de misantroop uit de titel. Hij is geobsedeerd door zijn zorg voor waarheid en oprechtheid, en kan hypocrisie niet verdragen of eraan meedoen. Daarom brengt hij zichzelf voortdurend in lastige situaties in een maatschappij die een voorliefde voor aanstellerij cultiveert. De gebruiken van zijn tijd moedigen het gebruik aan van een bepaalde vorm van beleefdheid en sociale conventies die goede manieren boven persoonlijke gevoelens stellen.

Vanuit het oogpunt van Alceste is dit spel van conventies de grote tekortkoming van zijn tijd. Zijn opvattingen over eerlijk-heid dienen slechts om hem te isoleren van de andere perso-nages, aangezien hij zichzelf ervan weerhoudt aan te gaan met iedereen die zijn zorg voor oprechtheid niet deelt. Zijn kijk op intermenselijke relaties varieert echter sterk, afhan-kelijk van met wie hij praat:

- Célimène is de enige persoon wiens gezelschap hij zoekt. Zij is echter ook de persoon wiens gedrag het verst afstaat van zijn streven naar waarheid en oprechtheid. Tot op het laatst, en ondanks het bewijs dat zij hem verraden heeft, blijft hij vasthouden aan zijn liefde voor haar.

- Philinte is de vriend van Alceste. Alceste heeft echter moeite om Philinte's vriendschap voor hem te accepteren wanneer hij hem dezelfde tekenen van vriendschap ziet tonen aan mensen die hij duidelijk niet mag. Philinte is echter een van de weinigen die hem tot het einde toe blijft steunen.

- Éliante is de vrouw met wie Philinte vindt dat Alceste moet trouwen. Alceste toont echter geen belangstelling voor haar, behalve wanneer hij wraak wil nemen voor het verraad van Célimène.

- Oronte is een van Alceste's rivalen voor de genegenheid van Célimène. Hoewel Alceste niet ontkent dat hij een goede man is, houdt hij niet van zijn manier van schrijven. Volgens Alceste drukt Oronte zich niet eenvoudig genoeg uit en staat zijn schrijfstijl te ver af van de werkelijkheid. Bovendien is Alceste nog meer geschokt als hij erachter komt dat Oronte zijn belangrijkste rivaal is voor de vrouw van wie hij houdt.

De relatiekeuze van Alceste is dan ook enigszins tegenstrijdig. Hij wijst bijvoorbeeld de vriendschap van Philinte af vanwege diens onoprechtheid, maar houdt van Célimène, het meest hypocriete personage in het stuk.

CÉLIMÈNE

Célimène, een jonge societyweduwe, is de geliefde van Alceste, maar zij is complete tegenpool qua waarden. In tegenstelling tot haar minnaar omarmt zij het spel der conventies volledig met haar hypocrisie en het zwartmaken van anderen.

Célimène aanvaardt het spel van hypocrisie niet alleen uit sociale verplichting, maar schept er ook een onverholen genoegen in. Het is haar grootste talent, en iedereen

– behalve Alceste – lijkt haar daarvoor te bewonderen. Alle personages voelen zich tot haar aangetrokken. Uiteindelijk komen haar bewonderaars er echter achter dat ze tegenover hen net zo hypocriet is als tegenover anderen. Toch weigert ze, zelfs wanneer ze in ongenade valt, zich samen met Alceste uit de wereld terug te trekken, omdat het leven in de high society haar enige reden tot leven lijkt te zijn.

PHILINTE

Philinte is de vriend van Alceste. Samen met Éliante lijkt hij de enige die zich om hem bekommert. Hij deelt niet Alceste's op menselijke relaties, maar hij voelt ook niet hetzelfde als Célimène. Inderdaad, hoewel hij geen oprechtheid eist in de mate waarin Alceste dat doet, is dit niet uit ambitie of plezier. Philinte is zich ervan bewust dat de wereld waarin hij leeft geregeerd wordt door conventies en dat mensen zich aan de regels moeten houden als ze er willen overleven. Hij probeert Alceste ook te waarschuwen voor de gevaren van zijn buitensporige openhartigheid, met name wanneer hij kritiek heeft op het sonnet van Oronte. Hij lijkt zich er meer dan de andere personages van bewust dat eerlijkheid een positieve eigenschap is, maar ook dat eerlijkheid soms gevaarlijk kan zijn. Philinte is gecharmeerd van Éliante en trouwt met haar aan het eind van het stuk.

ÉLIANTE

Éliante is de nicht van Célimène. Zij vertegenwoordigt de stem van de wijsheid in het stuk, zowel wat betreft haar kijk op de liefde als haar afkeuring van het gedrag van haar nicht.

Zij en Philinte vormen een duo waarvan de rol niet verschilt van die van het Griekse koor: zij geven herhaaldelijk commentaar op de handeling, geven er een beredeneerd oordeel over en vrezen het ongeluk dat hun vriend zou kunnen overkomen.

ORONTE

Oronte is een heer. Hij is ook de minnaar van Célimène en dus de rivaal van Alceste. Hij denkt dat hij een zeer begaafd schrijver is. Hoewel hij vraagt om eerlijk beoordeeld te worden, verwacht hij toch geprezen te worden. Zijn gesprekken met Alceste, die weigert zich voor te doen als alle anderen, resulteren in een reeks komische situaties.

ARSINOÉ

Arsinoé is een hofdame. Ze speelt een relatief kleine rol in het stuk, hoewel ze de actie vooruit helpt. Ze houdt van Alceste en probeert hem met vleierij en sluwheid van Célimène te distantiëren. Célimène bekritiseert haar om haar geveinsde preutsheid, en het beeld dat zij van zichzelf geeft verschilt wel degelijk van haar daden. Zij is de rivale van Célimène, en de confrontaties tussen de twee vrouwen zijn een bron van humor omdat ze een reeks nauwelijks verhulde beledigingen bevatten.

DE MARKIEZEN

Acaste en Clitandre zijn twee vrijers van Célimène. Zij zijn van lagere adel en bewonderen haar. Deze twee markiezen zijn zelden op het toneel en hebben weinig invloed op de handeling. Hun rol is meer om de voorstelling van de wereld aan het hof en haar pretenties te versterken.

ANALYSE

EEN MATIGE KOMEDIE

Volgens de ondertitel van de auteur is *De Misantroop* een komedie. De stijl is echter heel anders dan de populaire komische stijl die Molière in sommige van zijn andere stukken gebruikte. Inderdaad, hoewel er geen gebrek is aan komische situaties, worden deze getemperd door de aangrijpendheid van andere aspecten van het stuk.

Er zijn verschillende soorten humor in *De Misantroop*

- woordspelingen, die vaak in het stuk voorkomen;

- een situatiekomedie, die in feite de basis van het stuk vormt, aangezien de situatie van Alceste, die de openhartigheid en eerlijkheid fel verdedigt terwijl hij smoorverliefd is op de hypocriete en kwaadsprekende Célimène, het publiek aan het lachen maakt;

- karikaturen van duidelijk omschreven karaktertypen (onder andere de valsgezinde Arsinoé, de mooie hypocriet Célimène en de onbuigzame Alceste).

Deze humor wordt echter voortdurend gecompenseerd door een meer aangrijpende toon, die vooral voortkomt uit het personage van Alceste en zijn isolement. Hoewel Molière dus de belachelijkheid van de gebruiken van zijn tijd aan de kaak stelt door zijn personages karikaturaal neer te zetten, lijkt de lach niet zijn enige doel te zijn. Het personage van Alceste, die er uiteindelijk voor kiest zichzelf buiten de modieuze maatschappij te plaatsen, geeft het stuk enkele tragische elementen. De slotscène is daar een uitstekend voorbeeld van, want de aankondiging van het huwelijk van Éliante en Philinte, die kenmerkend is voor slotscènes in komedies, wordt overschaduwd door het vertrek van Alceste.

Hoewel *De Misantroop* nog steeds een komedie is, wijkt het enigszins af van de conventies van het komische theater.

EEN WERELD VAN SCHIJN

Het stuk, en in het bijzonder systeem van de personages, wordt beheerst door de houding van de personages tegenover hypocrieten. De afgebeelde wereld is er een waarin het sociale leven volledig beheerst wordt door conventies. In die zin is het huis van Célimène een soort voorstelling van het hof in het klein. Het wordt geregeerd door een aantal regels van goed gedrag en beleefdheid. Iedereen moet zich aan deze regels houden of loopt het risico te worden uitgesloten, zoals Alceste.

De conventies die deze wereld beheersen pleiten voor beleefdheid in alle situaties. Ze moedigen haar inwoners aan de persoon met wie ze praten te prijzen, zelfs als deze persoon totaal geen verdienste heeft, wat het gebruik van vleierij bevordert, soms in buitensporige mate. Op die manier cultiveren de bijeenkomsten van Célimène een voorliefde voor schijn, terwijl ze de eerlijkheid met voeten treden.

Behalve Alceste houden alle personages zich aan de conventionele regels van het huis van Célimène. Ze houden zich echter niet allemaal even strikt aan deze conventies. Tussen Alceste die weigert deel te nemen aan het schijnspel en

Célimène die het spel leidt, bevinden de personages op verschillende punten van het spectrum:

- Alceste verwerpt deze wereld van conventie categorisch. Door te weigeren de regels te gehoorzamen en ermee in te stemmen deel uit te maken van de wereld van de schijn, sluit hij zichzelf ervan uit.

- Éliante en Philinte zijn de stemmen van de wijsheid. In theorie lijken zij de cultus van de schijn niet te omarmen, maar in de praktijk weten zij dat de wereld waarin zij leven hen geen andere keuze laat. Daarom nemen ze een afstandelijke en pragmatische houding aan.

- De markiezen en Oronte gehoorzamen de regels zonder vragen.

- Arsinoé probeert met voorwendsels haar eigen belangen en conventies te dienen om haar reputatie te beheren. Ze probeert tevergeefs Célimène te verslaan met haar eigen spel.

- Célimène is de koningin in haar huis. Alle andere personages bewegen zich naar haar toe in haar miniatuurhof. Daardoor is zij degene die de regels maakt; zij is de meesteres van dit schijnspel.

DE WAARDE VAN WOORDEN

In dit stuk is nauw verbonden met een taalgebruik. De keuze van de personages voor oprechtheid of hypocrisie wordt aangegeven door de waarde die zij aan hechten: voor Alceste hebben zij een intrinsieke waarde, terwijl voor de anderen hun belang louter conventioneel is.

De metafoor van geld komt in het hele stuk terug en plaatst taal en geld naast elkaar, op basis van de conventionele waarde die aan elk van beide wordt toegekend. Zo zegt Alceste in de verhalende scène tegen Philinte: "Jouw vriendschap heeft een veel te lage prijs" (Act I, Scene I). Dit suggereert dat sociale relaties conventioneel vastliggen, net als de waarde van geld. Aangezien sociale relaties worden geregeld door taal, staat de waarde van woorden op het spel.

De waarde van woorden is inderdaad een van Alceste's belangrijkste zorgen in zijn streven naar oprechtheid. Dit blijkt uit akte I, scène II, wanneer hij het sonnet van Oronte bekritiseert. Hij bekritiseert het gedicht omdat het "onnatuurlijk" is en geschreven in een "gekunstelde stijl". Alceste heeft een hekel aan Oronte's uitweidingen en stijl omdat hij ze niet natuurlijk vindt. Zijn taalgebruik cultiveert schijn, iets waar Alceste niet achter kan staan. Voor hem moeten woorden de juiste waarde hebben om gevoelens eenvoudig uit te drukken.

Eerlijkheid en eenvoudige taal zijn voor Alceste nauw met elkaar verbonden. Zo bezien is het dan ook geen toeval dat de hypocriete Célimène zo bedreven is in het manipuleren van taal. Zij maakt van hypocrisie een literaire kunst, en de andere mensen in de samenleving bewonderen haar om dit vermogen.

17e-EEUWS THEATER

Er is een reden waarom het 17e-eeuwse Franse theater als "klassiek" wordt omschreven: in die tijd werden zowel het schrijven als het opvoeren beheerst door een reeks conventies, die zowel de vorm als de inhoud betroffen.

Dramatische werken werden doorgaans in vijf aktes ver-deeld, en *De Misanthroop* volgt deze norm. De belangrijkste formele conventie was de regel van de drie eenheden, die bestond uit:

- **Eenheid van plaats.** Alle actie van een toneelstuk moet zich op dezelfde plaats afspelen. *The Misanthrope* respec-teert deze regel aangezien alle actie zich afspeelt in het huis van Célimène in Parijs.

- **Eenheid van tijd.** De handeling van een toneelstuk moet zich in één dag afspelen. In het stuk van Molière wordt de tijd zelden gespecificeerd, maar er zijn toch enkele aanwij-zingen dat deze regel wordt nageleefd: Clitandre zegt "Ik hoef vandaag niet te gaan tot het uur van de *coucher* van de koning" (akte II, scène IV), wat suggereert dat het nog vroeg op de dag is, terwijl Alceste later tegen Célimène zegt "laat je trouwe minnaar nog één keer proberen voor-dat de dag voorbij is" (akte IV, scène IV), wat suggereert dat de dag bijna ten einde is.

- **Eenheid van actie.** Er kan maar één plot zijn. Dit is het geval in *De Misantroop* omdat Alceste's onbuigzaamheid ten aanzien van de ondeugden van zijn tijd en het gedrag van de mensen om hem heen alle actie stuurt.

Toneelstukken moesten ook de regels van *vraisemblance* ("waarschijnlijkheid" of "aannemelijkheid") en *bienséance* ("fatsoen" of "decorum") respecteren. *Vraisemblance* bete-kent dat de gebeurtenissen die op het toneel worden uitge-beeld, voorstelbaar moeten zijn in het dagelijks leven, terwijl *bienséance* inhoudt dat er niets wordt uitgebeeld dat het publiek zou kunnen choqueren. Sterfgevallen kunnen bijvoorbeeld worden beschreven nadat ze hebben plaatsgevonden, maar niet op het toneel worden getoond. Theater moet moreel zijn.

Dramatische werken in de 17e eeuw werden gecontroleerd om ervoor te zorgen dat ze al deze regels respecteerden; als ze dat niet deden, werden ze gecensureerd. Daarom werden verschillende stukken van Molière, waaronder *Tartuffe* (1664) en *Dom Juan* (1665), verboden.

De controle kon echter ook subtieler worden uitgeoefend. Het was in die tijd niet gemakkelijk om auteur, acteur of regisseur te zijn, zoals de sluiting van het Illustre Théâtre illustreert. Over het algemeen moesten acteurs en gezelschappen een machtige weldoener hebben om hun stukken opgevoerd te zien. Daarom genoten Molière en zijn gezelschap, voordat zij werden opgemerkt en beschermd door de koning zelf, de steun van de broer van de koning, Philippe I, hertog van Orléans. Het is echter duidelijk dat dit soort mecenaat een prijs had. Als auteurs wilden profiteren van de steun van machtige mannen, moesten zij hen behagen, wat betekende dat zij hun regels moesten volgen. Dit was ook een vorm van controle.

DE ERFENIS VAN *DE MISANTROOP*

Het einde van het stuk is betrekkelijk open: Alceste is niet in staat Célimène tot zijn standpunt te brengen (of zich aan te passen aan conventies die hem zouden dwingen de openhartigheid volledig op te geven), dus trekt hij zich terug uit de wereld. Molière eindigt zijn stuk hier, zonder aan te geven wat er verder gebeurt. Daarom is in alle vervolgen en herschrijvingen van *De misantroop* "de onderliggende vraag in deze verschillende teksten vaak dezelfde: kan Alceste zijn gedrag veranderen en opnieuw in de maatschappij worden opgenomen?". (Wolf, 2003: 114).

Als we alleen naar het oorspronkelijke stuk kijken, is de kans klein dat dit gebeurt, omdat Alceste zo gemarginaliseerd is binnen de maatschappij: hij is even openhartig als de anderen hypocriet zijn, en hij verschilt ook in veel andere opzichten van hen. Door zijn openhartigheid valt hij echter op, en deze tegenstelling is in veel opvoeringen van het stuk blijven bestaan. Zo wordt Alceste vaak afgeschilderd als een eerlijk, deugdzaam en sympathiek personage, terwijl Célimène lange tijd aanmatigend en wreed bleef, alvorens te worden geherinterpreteerd als een assertieve vrouw wier enige wapen tegen mannen haar verleidelijkheid is.

In de 18e eeuw kreeg het stuk van Molière in Jean-Jacques Rousseau (Zwitsers schrijver, 1712-1778) een vooraanstaande vijand. In zijn *brief aan M. D'Alembert over Spectacles* bekritiseert Rousseau zowel het stuk, dat hij beschuldigt van het belachelijk maken van de deugdzame aspiraties van de hoofdpersoon, als het personage van Alceste, die Molière volgens hem liefdadig had moeten maken en geïnteresseerd in de schoonheid van de menselijke natuur. Volgens Rousseau is Alceste een goed mens die belachelijk wordt gemaakt: in plaats van gek is hij een slachtoffer van zijn ervaringen. Voor hem staat Alceste eerder tegenover de hypocrisie en kwaadaardigheid van zijn omgeving dan tegenover de mens zelf. Op basis van dit uitgangspunt is hij dus geen misantroop, maar zowel liefdadig als een toonbeeld van deugdzaamheid, een visie op het personage die later in een aantal teksten opduikt.

Niet iedereen deelde echter Rousseau's mening. Jean-François Marmontel (Frans schrijver, 1723-1799), die zich afzette tegen Rousseau (hij schreef zijn eigen antwoord op de *Brief*) ontnam Alceste in zijn *Misanthrope corrigé* ("gecorrigeerde Misanthrope", 1765) niet zijn deugdzaamheid. In dit stuk, geschreven in dezelfde stijl als het origineel van Molière, heeft Alceste zich teruggetrokken op het platteland en is hij Célimène vergeten in de armen van Ursule, de dochter van een heer in het dorp waar hij nu woont. Deze relatie brengt hem ertoe zijn mening over de menselijke natuur te herzien: hoewel hij vroeger de mensen haatte, lijkt hij ze nu lief te hebben. Zijn deugdzaamheid blijft, want Alceste was gewoon de weg kwijt door te deugdzaam en redelijk te zijn, maar hij wordt niet langer belachelijk gemaakt. Hij is een misantroop geworden door zijn verblijf in de maatschappij waarin hij vroeger leefde.

Maar niet elk vervolg op *De Misantroop* Alceste zo'n gelukkige afloop. *La Conversion d'Alceste* ("De bekering van Alceste", 1905) van de Franse romanschrijver en dramaturg Georges Courteline (1858-1929) werd gepresenteerd als een direct vervolg op het stuk en geschreven, zoals alle stukken van Molière, in alexandrijnen (een regel van 12 lettergrepen met een cesuur, of pauze, in het midden). In dit stuk besluit Alceste na zijn ballingschap terug te keren in de wereld. Éliante is er niet meer, en Célimène – met wie Alceste nochtans getrouwd is – is de minnares van Philinte geworden. Alceste, die besloten heeft toleranter te zijn tegenover andere mensen (dit is zijn bekering), prijst aanvankelijk een nieuw sonnet van Oronte, maar kan zijn oorspronkelijke aard niet lang weerstaan: de twee mannen krijgen weer ruzie als Oronte Alceste vraagt zijn werk in een krant te zetten.

Nog erger is dat Alceste ontdekt dat Célimène niet langer in hem geïnteresseerd is nu hij veranderd is. Zich liefdadiger gedragen heeft dus geen zin gehad. De misantroop, onaangepast aan de maatschappij, trekt zich weer terug en is ervan overtuigd dat hij had moeten blijven zoals hij was. Hij wil nog steeds de waarheid zoeken in een maatschappij die in haar huidige staat alleen goed functioneert met een zekere mate van hypocrisie en oneerlijkheid om de werkelijkheid aantrekkelijker te maken.

VERDERE REFLECTIE

ENKELE VRAGEN OM OVER NA TE DENKEN...

- Hoe zou u de parallellen en verschillen tussen het koppel van Célimène en Alceste en het koppel van Éliante en Philinte interpreteren?

- Vergelijk de matige komedie van *De Misantroop* met de populaire komedie van *The Impostures of Scapin*. Wat zijn de belangrijkste verschillen tussen deze twee komedie-stijlen?

- Wie probeerde Molière volgens u het meest belachelijk te maken, de misantroop of de rest van de samenleving? Leg je antwoord uit.

- In veel van zijn stukken satireert Molière de ondeugden van zijn tijd. Vergelijk de ondeugden die in *De misantroop* en *Tartuffe* worden bekritiseerd. Welke overeenkomsten zie je?

- In het klassieke theater wordt komedie over het algemeen geacht minder ernstige onderwerpen te behandelen dan tragedie. Denk je dat dit oordeel geldt voor *De Misantroop*? Motiveer uw antwoord.

- Sommige aspecten van *The Misanthrope maken* het meer tragisch dan komisch. Denkt u vanuit dit oogpunt dat het een moreel toneelstuk is dat de regels van *vraisemblance* en *bienséance respecteert*?

- Welke rol spelen woorden in Alceste's vastberadenheid om te strijden tegen de hypocrisie van zijn tijd?

- Gedraagt Alceste zich, ondanks zijn onmiskenbare openhartigheid, bij elk van de andere personages op dezelfde manier? Leg je antwoord uit.

- Onderzoek de receptie van het stuk door de eeuwen heen. Welke conclusies kun je daaruit trekken?

- Bekijk Laurent Tirard's film *Molière* uit 2007. Welke scènes en welke personages zijn volgens jou geïnspireerd op *De Misantroop*? Naar welke andere toneelstukken verwijst de film volgens jou? Leg je antwoord uit.

VERDER LEZEN

REFERENTIE-UITGAVE

Molière (1965) *The Misanthrope*. Trans. Wilbur, R. Boston: Houghton Mifflin Harcourt.

AANPASSINGEN

Molière. (2007) [Film]. Laurent Tirard. Dir. Frankrijk: Fidélité Productions.
Deze film is strikt genomen geen verfilming van *The Misanthrope*. Hij combineert enkele biografische elementen met elementen uit enkele toneelstukken van Molière. Vanuit dit oogpunt is de film een bewerking van verschillende toneelstukken, waaronder *The Misanthrope*.

*We horen graag van jou! Laat
een reactie achter op jouw online bibliotheek
en deel je favoriete boeken op social media!*

De uitgever garandeert de betrouwbaarheid van de gepubliceerde informatie, die echter niet onder zijn verantwoordelijkheid valt.

www.50minutes.com

Master ISBN: 9782808688208
Papier ISBN: 9782808699600
Wettelijk depot: D/2023/12603/1240

Omslag: © Primento

Digitaal ontwerp: Primento, de digitale partner van uitgevers.